女声合唱曲

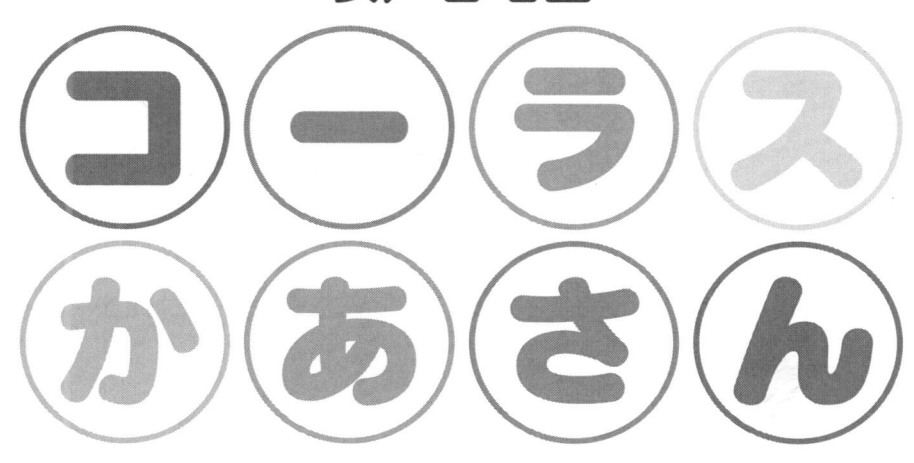

コーラスかあさん

「コーラスかあさん」によせて

瑞慶覧尚子

　この作品は、「全沖縄おかあさんコーラス連盟 25 周年記念作品」として 2004 年に委嘱・初演されました。

　作詩の新崎恵子さんは地元のおかあさんコーラス「ひばりが丘女声コーラス」に所属しており、"コーラスの練習に出かける前の自分のウキウキした様子を息子の視点に立って書きました"と話されています。

　作詩されて 10 年間は、曲は付けられませんでしたが、同連盟の新島ユキ理事長より、"いい詩なので 25 周年記念の連盟歌にしたい"とご依頼があり作曲させて頂きました。

　また、同理事長より"全沖縄おかあさんコーラス大会協賛のキューピーへの感謝の気持ちを表したい"と TV 番組「3 分クッキング」のテーマ曲も入れて欲しいとのご要望を受け、そのメロディーを曲の中間部で使用しています。

　日頃、家事に追われて忙しいおかあさん方が、それぞれの合唱団で思いっきりコーラスを楽しんで欲しいという思いで書きました。

　各々の団の演出で、楽しく歌って下さい。

委　　嘱：全沖縄おかあさんコーラス連盟
初　　演：2004 年 2 月 22 日（日）／沖縄市民会館
　　　　　《全沖縄おかあさんコーラス大会》
指　　揮：新城妙子／ピアノ：新島奈美子
演奏時間：約 4 分
主　　催：全沖縄おかあさんコーラス連盟／琉球新報社

カワイ出版

JN219676

コーラスかあさん

新崎恵子　作詩
瑞慶覧尚子　作曲

Chorus
ルンルンと！

1. あさの ながしで かあ さーんが ムムムムムム と ハミングしてる

すこ し おんてい おかしい けれどー

なんだ か かあさん う れ し そ う

こんやは きっ と きっと コーラスなん だ

4

2.そうじきかけつつ かあ さーんが マメマメマメ と こえはりあげる

きかい の お と に まけじと ば かりー

ちょっと かあ さん う る さ い よ

こんやは きーっと きっと コーラスなん だ

おんなのこ　みたいな　かんじ　だ　な

おんなのこ　みたいな　かんじ　だ　な

こんやは　きーっときっと　コーラスなん　だ

こんやは　きーっときっと　コーラスなん　だ

⑩ おもちゃの兵隊：レオン・イエッセル（ PARADE OF THE WOODEN SOLDIERS：LEON JESSEL ）

Chorus

たまねぎ　いためる　いい　においそろ

marcato

8

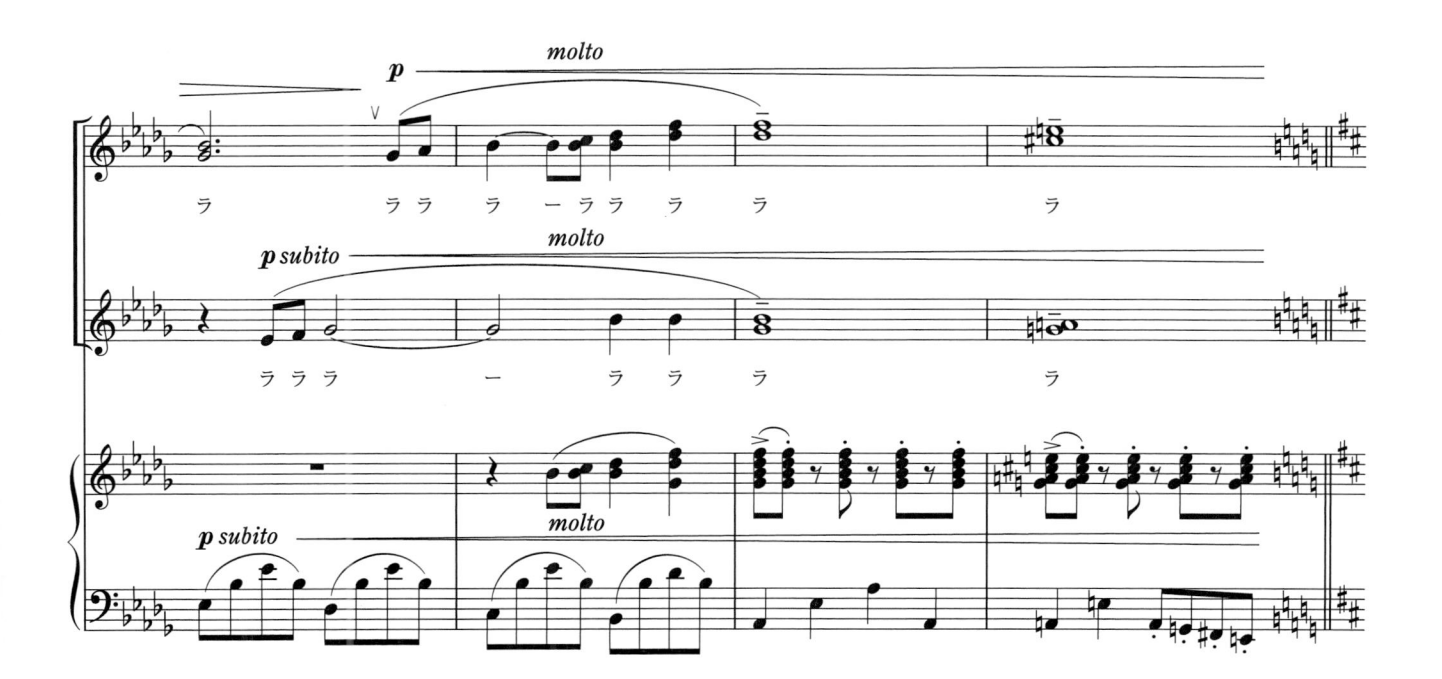

コーラスかあさん

1　朝のながしでかあさんが
　　ムムムムムムとハミングしてる
　　すこし音程おかしいけれど
　　なんだか　かあさんうれしそう

　　　　今夜は　きっときっとコーラスなんだ

2　掃除機かけつつかあさんが
　　マメマメマメと声はりあげる
　　機械の音に負けじとばかり
　　ちょっと　かあさんうるさいよ

　　　　今夜は　きっときっとコーラスなんだ

3　洗濯物をたたみつつ
　　またまた始まるラララララ
　　歌ってるときのかあさんは
　　女の子みたいな感じだな

　　　　今夜は　きっときっとコーラスなんだ

4　玉葱いためるいい匂い
　　そろそろじゃがいも人参出番
　　今日のお肉はチキンかな
　　メニューがカレーとサラダの夜は

　　　　かあさん　必ずコーラスなんだ

　　　　（掛け声のように）
　　　　いってきまーす！

携帯サイトはこちら▶

出版情報＆ショッピング　**カワイ出版ONLINE**　http://editionkawai.jp

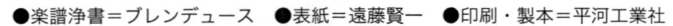

女声合唱曲 **コーラスかあさん**　新崎恵子（あらさきけいこ）作詩／瑞慶覧尚子（ずけらんなおこ）作曲

●発行所＝カワイ出版（株式会社 全音楽譜出版社 カワイ出版部）
　〒161-0034 東京都新宿区上落合 2-13-3　全音楽譜出版社内　TEL 03-3227-6286／FAX 03-3227-6296
　出版情報 http://editionkawai.jp
●楽譜浄書＝ブレンデュース　●表紙＝遠藤賢一　●印刷・製本＝平河工業社

© 2007 by edition KAWAI. Assigned 2017 to Zen-On Music Co., Ltd.
●楽譜・音楽書等出版物を複写・複製することは法律により禁じられております。落丁・乱丁本はお取り替え致します。
　本書のデザインや仕様は予告なく変更される場合がございます。
ISBN978-4-7609-2123-2

2007 年 7 月 1 日　第 1 刷発行
2025 年 7 月 1 日　第 51 刷発行

混声合唱ピース

サボテンの花～青春の影

財津和夫　作詞・作曲
田中達也　編曲

カワイ出版

委　嘱　　相澤直人
初　演　　2017 年 12 月 16 日／第一生命ホール
　　　　　《AizawaNote vol.2 －相澤直人 指揮者の軌跡－》
指　揮　　相澤直人
ピアノ　　名田綾子
合　唱　　あい混声合唱団／女声合唱団 ゆめの缶詰／AZsingers
演奏時間　約 5 分 45 秒